Para Merun forssee,
que ennoblece los árboles.
En el aprecio de los
años
MAC
Roov / 91

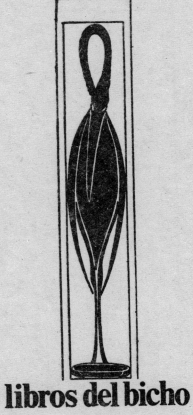

libros del bicho

Marco Antonio Campos

LA CENIZA
EN LA FRENTE

(1978 – 1987)

72

**libros
del
bicho**

PREMIA EDITORA S.A.

Diseño de la colección: *Millet*

Primera edición: 1989

© **PREMIA editora de libros s.a.**

ISBN   968—434—468—6

Premiá editora de libros, S. A.
Tlahuapan, Puebla.
(Apartado Postal 12-672
03020 México, D. F.).

Impreso y hecho en México
Printed and made in Mexico

a don Joaquín Díez-Canedo

And pray to God to have mercy upon us
And I pray that I may forget
These matters that with myself I to much discuss

T.S. Eliot, *Ash-wednesday*

I

INFANCIA

A Víctor Manuel Cárdenas

1

Mi padre solía llegar con el crepúsculo y los hijos corríamos buscando al padre que sólo quedó en la fotografía aquella donde desciende por la puerta delantera del auto y mira a todas y a ninguna parte y el niño crece y recoge la infancia hecha pedazos y se vuelve a mirar al padre en aquella casa profunda horizontal mientras la madre en la cocina llora y grita y el niño dice *el diablo* y la rosa no vuelve por su frente

2

En tu casa no había pájaros o yo no los recuerdo o era tan dulce
su canto que quedó como harpa en la sangre y la casa era profunda y blanca y el diablo llegaba a las cuatro de la tarde mientras el niño incendiaba el patio y el hermano corría hacia el
horizonte
El azul del cielo era puro vasto respirable y el lenguaje igno-
raba la Palabra

3

Veía desde la terraza alturas lúcidas que aún la vista se en-
                                                    [ceguece
Hacía fogatas en el patio y en los ojos se levanta el fuego
Peleaban los hermanos y las hojas caían desde los árboles
Yo me corté la mano por querer alcanzar la libertad

4

La imagen de San Vicente de Padua me seguía
en la iglesia y la voz oscura de la voz de San Martín de Porres
Que retumben resuenen que suenen los cantos gregorianos
y que el órgano se oiga en lo hondo de los muros
La niña asomaba en la niña de mis ojos
y el deseo ardía de contemplarse y secarse en la llama de las
                                                    [vírgenes
Cordero de Dios que quitas los pecados del mundo

5

¡Llameen aves! ¡Llamee el sol!
¡Caiga el niño con árbol y manzana!
¡Caiga el árbol con niño y con manzana!
¡Y no obstante la calle era el Camino!
¡Bendito sea el que viene en el nombre del Señor!

6

¡Ay mísero de mí infeliz de mí
que en el pico del sol canté a la luz!
¡Ah dicha desgraciada en la miseria
por la esclava riqueza de ser libre!
¡Oh mírenme en el mar con los hermanos
alzar con la arena un gran castillo!
¡El mar cabía en la palma de la mano hechura mía!

7

¡Adiós Carlos! ¡Adiós! ¡Adiós Ricardo!
¡Adiós domingos del aire y de Gabriela!
¡Adiós caballos y el ángel de la guarda!
¡Oh suaves tardes de un cielo azul y gris!
¡El niño en el jardín el árbol estrellado!

8

Y lanzaba los dados al azar para
jugar con el tiempo desollándose
y arrojabas tu cuerpo como fuego
y la columna se alzaba como fuego
y golpeaba las puertas y los muros
en busca del santuario que era Puerta
y rezábamos de luz el Padrenuestro
para que Dios fuera Dios y el vigilante
y en la iglesia matinal las niñas
fueron bodas del cielo y del infierno
y la abuela encaramada en la cerca de la luna
un pedazo de luna les daba hasta ser luna

O esperaba el autobús que me llevaría a la escuela
que disipaba en humo para el aire triste
o repetías al sacerdote hasta volverlo gris
pecados inauditos que aún lo atemorizan
o dormía dos noches larguísimas en una
y al despertar recibía un regalo emocionante
o éramos modelo de familia desecha y sin dinero
que modelos de familia desechaban por no tener dinero
o contemplaban de qué forma desde las casas vecinas
escorpiones que multiplicábanse en Avenida de los Pinos No. 8
o eran niños desalmados que esperaban al padre
que sólo oía en la noche un disco repitiéndose repitiéndose

¿Dónde muere o se oculta la sorda solterona que se encerraba
a piedra y lodo en la casa de enfrente de la casa?
¿Dónde reparte manzanas el viejo señor Sosa que nos las daba
[en el año por venir?
¿Dónde juega el tendero Rafael que jugaba con modesta audacia
[para ganar siempre?
¿Dónde duerme o padece la muchacha tenue a quien hice sufrir
[y que es sal en la llaga y sabe a sal?
¿Dónde flirtean de cuarenta años las adolescentes que vivían
y soñaban en el número diez y a las que Carlos y Ricardo
vivían y soñaban en la casa del verano?

11

¿Qué fue del hombre de fuego violentísimo que quería incendiar la pradera de mi casa con largos automóviles?

¿Qué fue de Refugio el voceador con quien jugaba en las tardes damas chinas y que era de mi edad con todo y sufrimiento?

¿Qué fue de esas sombras que sonaban en la cuadra y que decíanse Samarripa y el Márgaro y la Piedra?

¿Qué fue del anciano general cuyo número de falsas condecoraciones resultaba irrisorio frente al número de hijos?

¿Qué fue del policía borracho que golpeaba noche a tarde a su mujer y que un día asesinó a alguien y no lo vimos de nuevo para odiarlo?

12

¿Cómo fueron las estaciones estrechamente espléndidas que sólo
[las sabíamos por su nombre?
¿Cómo fueron los cielos estrellados a los que no volví la vista?
¿Cómo fueron las niñas millonarias que sólo conocí en los films
[o en revistas como *Claudia* y *Vanidades?*
¿Cómo fueron los árboles en flor pues piedra y humo crecieron
[en nosotros?
¿Cómo hablar de felicidad sin el estómago lleno y sin mirar el sol?

13

¿Cuándo la música del cuerpo comenzó a elevarse al soñar y
[mirar una mujer?
¿Cuándo vi o me miraron al mirarse los ojos de la muerte?
¿Cuándo el Mal alzó la Casa como si fuera mi casa?
¿Cuándo miré con inocencia por última ocasión un mundo hecho
[pedazos?
¿Cuándo el árbol de la vida fue abierto como libro y mis ojos
[se llenaron de luz y de terror?

14

¿Por qué me duelen tanto la Navidad y el día de Reyes en que recibía tan poco y casi nada?

¿Por qué el mágico orbe de hechiceras y cuentos sobrenaturales se volvió una vida intranquila y enfermiza?

¿Por qué me siguen a veces imágenes e imágenes y siéntolas con la misma o con más intensidad que las sentía entonces?

¿Por qué canto la infancia feliz si yo no era?

¿Por qué?

15

Yo soy Marco Antonio, hijo de Ricardo y Raquel, y nací en ciudad de México una noche del bárbaro febrero, con la vista en el mayo abrasador y en las montañas del sur. Y aposté por la poesía y el ángel.

II

UN RECUERDO POR LA BANDERA DE UTOPIA
(1968)

A Juan José Reyes

1

De ochenta y cinco pájaros del cielo
que vuelan sobre el cielo de la página,
quisiera que cortara la memoria
quince o más, que más breves, no supieron
de los años del sueño y lo imposible:

¿Cómo éramos? ¿Y quiénes? ¿Qué hacíamos?
¿De qué infierno perdura el cielo ético?
Descubrimos el cielo y sus praderas.
Anhelamos ser dioses y en el campo
las estrellas brotaron de la noche
como flores doradas en los árboles.
Cerca de mí mis compañeros breves
encendieron la chispa, y la fogata
de elesedé y peyote fue un incendio.
Y felices se vieron: sin su forma,
deformándose, haciendo nuevas formas,
las luces fueron música, y ya lejos
oían Lucy en el cielo de diamantes.

Con amigos que hicieran la aventura
buscábamos el oro de Acapulco.
La piel solearse bajo el sol de marzo,
navegaciones breves, despiadados
coches por la costera amplia, mujeres
como fruta madura, las palomas.

29

Hice quimeras con disfraz de planes:
la esperanza secreta del dinero,
el poder como vértigo, las muchas
mujeres, viajes grandes y continuos.

Era 1968.
En ciudades fundadas por la piedra
del mundo y del cielo eran dos pájaros.
La aventura fue dios y en el principio,
en la curva violenta el arco iris,
los colores hablaron por su nombre.
Y nombré con su nombre a los colores:
Libertad, Imposible, Mundo Nuevo,
Alba, Justicia, Sueño, Rebeldía...

Brillaba el alfabeto en los colegios
del arma y del lenguaje, y las piedras
temblaban en las manos de valientes
que querían luchar casi indefensos.
Y la calle (moderno paraíso),
comenzaba a poblarse como en sueño
de jóvenes, que indómitos negaban
los goces del dominio, y que en la noche
hacían ceniza el ídolo y la estatua.
Fulminantes brigadas y tremendos
mítines incendiaban a los bravos
que tenían una rúbrica en el pecho:
Ciudadanos de espléndidas ciudades.
Y de repente, como torbellinos
que arrebatan y envuelven cosas y hombres,
como una sola cosa arrebataban
calles, jardines, plazas y avenidas.
Ya los ven en el Norte en sorda cólera
mordiéndoles las garras a las bestias,
fugándose en zig zag, ¡en curva!, ¡abajo!,
recobrándose, irguiéndose en hogueras
que devastaban todo, que quemaban

todo, para recomenzar la búsqueda
del cielo, mientras sonaban en el aire
las canciones del tiempo más alegre.
Aún los veo *un solo hombre* por Reforma,
el puño en alto, la mirada altiva,
y en el árbol madura la pregunta:
¿Para qué el sol cuando se quiere todo?
Como tambores, en un tremebundo
tam tam, repercutía cada paso,
el hueco el tam el eco el eco el paso,
los salmos rojos en el aire rojo,
y ya abejas en busca de colmena
o de la flor, los jóvenes del aire
llegaban rumorosos a la plaza.
Pancartas, afilados gritos, lemas,
árboles de cohetes en el cielo,
los insultos abiertos como granadas.
¿No escuchan los colores? ¿No escuchan
los sonidos que son melodía y llama
en constante movimiento sobre el muro?
Reinventar el amor,
                    cambiar la vida.

2

Septiembre nos dejó como los pájaros
que el invierno presienten, y aletean
y respiran angustia: ya la muerte
con su cara y con máscaras desciende
del follaje, sonríe, gesticula.
Octubre nació y dos cruces venerables
se clavaron como estacas ardientes
en calendarios mudos. Y en el atrio
para los sacrificios, duros jóvenes,
que en los combates duros encarnaron
el anhelo del sueño y lo imposible,
fueron ametrallados sin saberlo.

Tocó huir: ocultarse entre el filo
de la espada, en honduras y en el corte
de los árboles, y en el rostro para
siempre inmóvil de aquellos que no lloran.
Mientras en casas, que eran limpios féretros,
los muertos enterraban a sus muertos,
el Angel Negro, destructor de ángeles,
engolaba la voz en el estadio,
mientras la baba le escurría aceda
del mentón, que era como piedra en ángulo,
y los viejos más viejos, con sus caras
de piedras minerales, aplaudían
a la Bestia, y formaban un grito alto
que el placer alargaba —el más abyecto.

Como el paciente cazador que espera
que la presa dé un paso equivocado
para dar en la trampa, se buscaba
que cayéramos. Cifras de mensajes,
señas y contraseñas: nueva lengua
que hablamos los vencidos. Fue costumbre
vergonzosa e innoble, recatarnos
en otros, escuchar de los amigos
en sombras clandestinas o en la cárcel,
o llevar una flor recién cortada
al sepulcro de aquellos que ayer mismo
llevaron una flor recién cortada
al sepulcro de aquellos que hace tiempo
deletrearon el sueño y lo imposible.
Los vivos resplandores de la fiesta
fueron de otros, que ignoraron el tiempo
y los nombres que puse al arco en cielo.

Cada golpe de piedra que caía.
Cada golpe la piedra que caía.
En la hora verde, cuando los muchachos
con la flor de la luz de su fuerza última,

32

izaban la bandera y nuestro símbolo,
los muros, donde hiciéramos la crítica
del dominio, los planes a futuro
y reflexiones de lo que vendría
cuando el alba lo fuera doblemente,
en la llama del alba se callaron.

Llegó el rumor suave en invisibles
hilos. Llegó y creció, creció hasta ser
un martillo que seco martillaba,
un martillo que en seco martillaba.
¿Quién fue? ¿Fue cómo?
                    ¿A qué hora? ¿Qué hacíamos?
Incrédulos y tristes, una pregunta
lloraba en nuestros ojos que lloraban:
¿Quién robó la bandera de Utopía?
¿Quién robó la bandera de Utopía?

En 1968.

III

LO QUE ENTENDEMOS POR LA NOCHE

Rumores, susurros, árboles oscuramente azules de la noche,
un cielo quieto y dulce. Aquí estuve en el invierno del 76,
sentado a la mesa bajo un arco de estos portales en *las gloriosas*
                              [*noches de diciembre*
y escribí versos que me nombran y no me satisfacen.
Un animal enloquecido saltaba y se hacía trizas en mis huesos.
Como si un hombre, en plenitud de su fuerza, fuera
arrojado al abismo, y rescatado como cristal roto,
se le exigiera golpear y gritar como hacía antes.
No, no es posible ser el juez o hacer el justo
como pude actuar a veces, porque pocos descendieron
sin ningún engaño y sin ningún motivo
como yo lo hice. Porque pocos o nadie
conocieron su alma como yo lo hice.
Por ese entonces yo buscaba un ángel que fuera
como tronco providencial en el borde
o en la precipitación del precipicio
castigado por una oscura culpa que no comprendía
y que no comprendo aún.
Solamente en la más extrema soledad el grito
quebrantador enmudecía.
Ese, el que vociferaba al oeste y al sur que el sol
era su cuerpo, el hijo del sol oscurecía
tras las ásperas cortezas de la noche.
Se mira casi el alba. Hoy bebo amargo del sucio vino amargo
del cortesano imbécil, lloro dulce
en las páginas de dulces folletones,

oigo deleitoso baladas baladíes que no dicen
nada del tiempo que vivimos, y de súbito el café
(que sabía amargo), la música (que se oía triste),
el hombre (que lloró tanto), se alzan y se van
por encima de los árboles hacia la noche,
hacia lo que entendemos por la noche.

Morelia, 1985

AÑOS COMO HOJAS

Imposible ser y parecerme al joven de raíz salvaje que creía
crecer como bestia en el fragoso invierno, que veía la grandeza
como barro al alcance de la estatua, que tarde se le hacía para
la acción magna y la modificación definitiva, pero tardes so-
brevuelan en que una golondrina triste anochece en triste aire:
"En el alma de otra cosa hubiera dado alma a aquella cosa";
Imposible ser y parecerme al joven de raíz salvaje, que atra-
vesó la espada del arcángel en el umbral del hombre, quien grita-
ba de furia y de dolor ante la puerta para siempre cerrada de
un incomprensible paraíso, aquél que sentía un deleite senso-
rial arrojando escupitajos a los iconos del Poder y de la Gloria,
y que hoy simplemente hoy es un hombre desconfiado y tigre, a
veces nublado en cielo tigre, y que a mitad del camino se separa
en la cima del monte: mira cómo crece la hierba, almuerza el
alimento terrestre, y se solea bajo el cielo de marzo como una
piedra al sol.

> (Me avergüenza haberme avergonzado tantas veces,
> haberme callado, ciego, ante tanta humillación,
> que el mal y el bien hayan sido más crueles que los actos,
> que el alma, en fin haya sido el espejo de los actos).

Imposible ser y parecerme al joven de raíz salvaje que quería
tragarse la tierra anticipadamente, que escribía descorazonado
en el corazón las palabras *utopía, cambio, libertad, imposible,
sueño*, que mal descifraba la música y la rima, aquél que sólo
tenía el futuro que ofrecer a muchachas que sólo querían el

gran presente, imposible serlo, porque he vivido el infierno por las hojas, por diez años timoneé un barco de madera corroída. Cantaba Ulises amarrado al mástil para llamar a la sirena, y la sirena fue tras el hombre,

y el mar se la tragó.

Xalapa, 1984

AMIGA A LA QUE AMABA: NO ENVEJEZCAS

La hubieran visto antes,
la hubieran visto en el cielo azul del otoño azul
a su lado hace diez años.
La hubieran visto: su cuerpo parecía nimbado de luz como una
[santa,
su voz parecía rabel que elevaba el más diestro ejecutante,
sus ojos eran de paloma dulcísima que enamoraba el árbol.
Enamorado de su luz, su voz, su vista,
su dulzura (que después juzgué engañosa),
su inocencia (que después juzgué perversa).
Tres veces me negó tres veces y en vez de corazón llagó
una cruz del lado izquierdo que aún la mira.
La hubieran visto. Era en mí más hermosa, desde mí
más hermosa que ninguna, más, mucho más, y en cuadernos,
en muros, en el agua del mar o en el agua de los ríos,
escribí su nombre
            [describí su cuerpo
y su nombre y su cuerpo lucían como eco sangriento
que se despedazaba en paredes del alma y en la noche del
[corazón.
Si volviera a hablarles de ella me enamoraría de nuevo.
Yo creía (me hizo creer) que amor y corazón eran lo mismo,
y destruyó mi corazón y me dejó el amor. Como si fuera eso,
como si fuera eso y más, como si fuera la blancura que
no podía parecerse a la maldad ni dar dolor. Año tras año
sangraron en mi alma las espinas del lienzo de Verónica,
y mis amigos decían que por todos los tiempos y uno más

41

en mis ojos se vería el rostro de la infiel amada.
Lo que en un principio vieron, lo que vi en un principio
como augurio prodigioso, fue después una palma de martirio
que me hizo concebir que una mujer era capaz de destruir
por el solo placer de destruir.
No volví a enamorarme. No recobré jamás confianza ni me doy
[por entero
de temor a una flor envenenada.
Perdí la valentía, y no puedo enfrentarme en igualdad
con la belleza y el amor. Fue como si eso, como si eso y más,
como si anoche, de modo sorpresivo, la hubiera visto,
conocido —reconocido— apenas, saludado casi de furtivo modo,
y advertido que la hermosa y única muchacha que para mí fue
era sólo una hermosa mujer como el tiempo nos deja ver
por centenares. Como si hubiera sentido que diez años son
[muchos
en un cuerpo y para un cuerpo, y que acaso en diez o en quince
mis ojos y el recuerdo serían otros, cruelmente serían otros.
Despiadado es el tiempo con los ángeles, ah bellísimo ángel
[despiadado.

1984

17 CAMPANADAS COMO AÑOS

Hace Félix, mediamuerte que te fuiste, hermano,
y nos haces una falta como la música y la algazara en día
[festivo.
Te extrañamos, y a veces, las esporádicas veces
que creemos vernos, es como si la férvida adolescencia
en un instante se nos cayera encima,
como si tu rostro fuera luz que en la batalla
sangrienta sigue el bosque oscuro que nos sigue.
¡Aquella adolescencia cruel, sedienta, pan de sangre!
¡Nuestro pasado (que ahora es bien presente) eran muchachas
[duras!
¡Oh tiempos de sombras y de sueños en la sombra y el sueño
¡Aquel tiempo, allá entonces, cuando los amigos   [del 67!
sin permiso comenzaron a decirme adiós!
La marcha triunfal de la juventud se volvió una marcha
[fúnebre.

Quizá lo sabes, ya lo sabes posiblemente:
la tía murió, la abuela (te lo han dicho)
—la última vez que no sufrimos se la vio casi ciega de llorar—,
tu hermana mayor se casó hace muchos años, y a la chica,
a Sara, no volvimos a verla.
Lety se casó también, ¿cómo decirlo?
Qué ha sido de ellas —¡y cómo las queríamos!—
lo he novelado parcialmente. ¿Y la vida?

Cómo falta la vida, ay, cómo falta.
Hace falta tu presencia que era como relámpago continuo,

tu **alegría** vertiginosa, tu despierta bondad
que parecía callada,
tu modo de reír casi cayéndote,
de contar jocundamente anécdotas de todos los amigos,
de pararte en una esquina a hablar de muchachas que eran
más hermosas cuando las contabas, de fiestas sombrías
que se poblaban de resplandores súbitos cuando las contabas,
de la vida por hacer, del sueño y lo imposible por hacer.
¡Qué rotundo corazón nietzscheano teníamos dos años antes,
[ay de mí,
mucho antes de leer a Nietzsche! ¿Recuerdas? ¿Recuerdas?
¡Con derecho legítimo que otorga la experiencia del dolor
es un deber gritar a voz en cuello que hice gritar la página
más dura, debo decir, en suma, que he vivido!

Y en la noche buena buenanoche en que velamos de nuevo,
en que adiós dice la nube dice adiós y cree y creemos que
volverás tan pronto que ya se te hizo tarde,
con el nueve de negro y enero luz tan fúnebre,
te sabemos cerca, eres escudo para la libre lanza,
como en días en que el arma era armisticio,
en que el agua tornábase hacia el mar, *cómo alegrabas el aire*
                                        [*que este sol alegra.*
Una vez, otra, campanadas caen, metálicamente,
fúnebremente, 17 campanadas fúnebres, el clang
continuo como continuo martillazo en el tímpano

                          C

                             L

                          A

                             N

                          G

44

C
L
A
N
G

1985

LA CIUDAD DE MI MADRE

A Víctor Sandoval

"Si vuelvo será para enterrar a mis hermanas" —murmuró mi madre un mediodía seco.

"Llegamos en el 32. La ciudad era pequeña, hermosa, y la luz tan límpida que podías contenerla entre los dedos. La llegada del tren era el acontecimiento diario. Había grandes y pequeñas huertas, sobre todo grandes. Comíamos peras, manzanas, higos que se deshacían en la boca, granadas que se abrían con sólo mirarlas. En la primavera florecían el árbol de la jacaranda y el laurel de la India. La ciudad se recorría en un instante" —contaba tía Abdelia a la hora del desayuno y parecía fijar con admirable música los sitios y las cosas.

Camino calles donde enlazo o atravieso sombras que
sobrevivieron de la niñez, o que vio —o creo que vio—
mi madre antes de su casamiento, o que contaban tía
Abdelia o Josefina Ruiz como aquellos domingos:
La misa matinal, los bailes de jóvenes en el hotel
Francia, el cine de la tarde, muchachos y muchachas
que atravesaban Plaza de Armas de un punto cardinal
a otro.

"Vivíamos cerca de San Antonio. (Relataba mi madre al deshilvanar una blusa). Me sobraban pretendientes. Citaba a uno en San Marcos, a otro en el Parián, a otro en Plaza de Armas, y todos me decían y a todos les decía lo mismo. Una vez llegaron a mi casa diez cartas de diez distintos pretendientes".

Mi abuelo caminaba en forma oblicua, casi en ángulo,
y solía reclamar como mi madre hasta el último
                                              [centavo.
El legó a mi madre el relámpago sombrío y violento,
el baúlmundo con mil dichos y un mundo,
el duende y la chispa para caer bien,
no el amor al campo y a los animales del campo.
Mi abuela era amplia de cuerpo y de rostro angelical.
Era de la casa el equilibrio, era la luz de la mañana.
Y me mira y la admiro como la más suave y tranquila
                                         [de este mundo.

"Aquí estuvieron tu hermana y tú por el 61. (Tía Abdelia
señala una casa que en el recuerdo era más grande). Nos mu-
damos a Allende a una casa tranquila que ya no conociste. Me
acuerdo que no creías en la gloria por no volver al cielo. Pero
todo se desgasta, se consume, muere. Lo verás con los años".

Y recuerdo una amiga de mi tía, presuntuosa y tonta,
que presumía de su vida a la hora de la cena,
el olor intenso a guayabas y mandarinas desde la
                         [mesa profunda del comedor,
un salvaje mediodía al atravesar el amplio arroyo
que sólo perdura en este verso,
el Señor del Encino en su lejanía tan negra,
el silbatazo kilométrico que anunciaba al tren,
una cacería por campos de los alrededores,
las tardes cuando bebía con mis primas el quemante
                                         [sol de mayo.

"Entre semana íbamos al Parián o a tomar café y nieve en
el *Excélsior*. A tu padre lo conocí allí. Me casé en enero del
44 pero pude casarme en abril con otro, o con otro en julio.
Pude haber elegido de un gran haz.
"En abril, en época de la feria, como mujer que busca ser vista
y admirada, debía mudar de ropa diario. Aguascalientes era

un pueblo que solía disfrazarse de ciudad. Era romántico pero odioso. Si regreso será para enterrar a mis hermanas".

Aguascalientes, 1985

IV

EUROPA 1972

A Hernán Lara Zavala

Era el tiempo cuando mi padre y yo caminábamos bajo el
crepúsculo por Campos Elíseos que desaparecía en el río,
Era el tiempo cuando mi padre y yo recogíamos las lluvias de
septiembre en techumbres de la casa de Lord Byron frente a
las aguas del Lemac,
Era el tiempo cuando mi padre y yo comíamos castañas y que-
mábanse Sforza y Maquiavelo para no hacer política *nel duomo
di Milano,*
Era el tiempo cuando mi padre y yo discutíamos en Venecia
y yo partía hacia Roma a la búsqueda del río que oyera en el
oleaje silencioso,
Era el tiempo cuando conocí los caminos de piedra de Pompeya
y los astros eran los caminos de piedra de Pompeya cente-
llantes,
Era el tiempo cuando desde el puente leía líneas de Guido Ca-
valcanti en las aguas del Arno que me contestaban con líneas
de Guido Calvalcanti,
Era el tiempo cuando Siena y las imágenes de Siena ascendían
y bajaban como pájaros con vértigo amarillo rojo,
Era el tiempo cuando miré en Berna el crepúsculo más hondo
más fuego en el jardín de fuego hasta el alba tocándome almo
el corazón,
Era el tiempo cuando el Neckar murmuró media vista bajo el
Rhin y media luna las aves degolladas por la belleza y tristura
de Gabriela lejos,
Era el tiempo cuando Bruselas respiraba en la noche de noviembre el aroma de muchachas que se abrían como una flor
abierta,

Era el tiempo cuando en Brujas las palomas más albas precipitáronse el canal al firmamento y los astros no fallaron el motivo infinitesimal de Dios,

Era el tiempo cuando con Jaime y con Enrique buscaba en Charleville los ecos y la sombra de *l'enfant terrible* que fue como relámpago cortante.

Era el tiempo que cambió la estatura de mi tiempo.

1986

EUROPA POR LOS CUATRO PUNTOS CARDINALES

Hacia el norte dejé un cielo gris y húmedo,
ciudades que oprimían, calles que en el recuerdo se precisan
[frías, oblicuas,
bosques que parecían un fuerte árbol verde oscuro,
el látigo del viento que azotaba rostros y brazos descubiertos,
interminables noches en que soñaba con una delgadísima rama
[de luz,
los fiordos que bebían el agua, las islas que medían distancias
[con el continente,
el mar de plomo, el mar del Norte, ajeno, helado, helado!

Hacia el sur dejé el cielo claro y luminoso,
calles rumorosas que sentían un vivo placer al sofocarme,
mujeres frescas y ondulantes que al sólo verlas me cegaba el
[deseo,
la campiña que en los ojos de la memoria se precisa como
un cuadrado verde incrustado en el cielo azul,
el viento cálido que volvía y refrescaba el cuerpo
y que parecía los dedos anhelantes de una mujer,
las islas blancas en los valles verdes del mar, las islas
que jugaban a reflejarse con el continente,
el mar de luz, el mar en medio de la tierra, ardiente, mío, mío!

Recuerdo del oeste el cielo azul en el invierno seco,
pequeñas ciudades melodiosas cuyas casas eran como afiladas
[piedras blancas,
estrechas calles inclinadas con dédalos repentinos en las

que sentía acumulados el paso y el peso de los siglos,
mujeres espléndidas que modelaron el mar y el sol,
el viento que venía desde más allá del viento,
crepúsculos que llegaban para borrar el mar,
islas azules de más allá, de más no, de nunca más,
islas que perdieron de vista el continente,
océano que alguna vez fue un continente, uno, uno!

Del este pervivieron imágenes literarias.
noches blancas, calles y ciudades que dibujó Dostoievski,
mujeres y hombres que trabajaron para un mundo mejor que
                              [ellos ni otros no vieron ni verían,
lagos gigantescos y estepas deslumbrantes,
el viento encarnizado que se llevaba los árboles como hojas,
las albas frías con niños y viejos como ángeles nevados,
la Palabra.

1983

LA CENIZA EN LA FRENTE

Y aquí yo lo presento: exsuicida, invencible romántico
investido con traje azul mediterráneo azul,
con el amor esclavo a la libertad y el sueño,
examinando periplos y navegaciones axiales en mapamundis
[desvaídos,
él, que a diario timoneaba un barco de madera cardinal
desde los libros y los sueños hechizado, y oía
como hechizado el fulgor del idioma de la tripulación
que hablaba con tranquilidad de los fantasmas que fueron.

¿Cuántas veces no oyó en la hora de la aurora o bajo el tórrido
sol el esdrújulo vuelo de las aves,
rumores del mar que se encendían en la cresta de la ola,
el susurro de la sal hasta volverse olores,
la piel que ardía y se deshacía en las manos,
los mapas de las constelaciones que eran el cuento de nunca
[acabar
y que contaban de meridianos distintos y lejanías sustanciales?

¡Cuántas veces en silencio no se entristeció bajo el árbol hablante
de la playa al imaginar el poder en manos de abyectos,
de prevaricadores y de imbéciles,
los sueños rotos por embaucadores de la realidad y la ciencia,
la verdad escrita por plumas generosas que no esperaban sino el
[placer de dominio,
la fúnebre púrpura de hombres que habían engañado incesan-
[temente en el nombre de Dios!

Y al fin esta noche vela para alzar velas y dejar para siempre
[la isla de Crusoe,
la isla donde al anochecer miraba sin esperanza el horizonte
y sabía lo que era la más extrema soledad.

1984

EL PAIS (1)

A Gastón García Cantú

Ya pueden decir lo que quieran, me dirán lo que quieran,
pero yo siempre he amado a México.
Cuando estuve lejos bajaba repentinamente un delgado mas
intenso manantial de imágenes y una triste voz era triste
cuerda en la cítara del corazón enamorado.
Podía o pudo ser acaso una noche de lluvia innumerable
en un parque neoyorquino,
o en la aspirable terraza de un café parisiense,
o bajo el crepúsculo en lo alto de una plaza de Goteburgo.
Podrán escarnecerme el mañana del triste que fui ayer por
                                  [gloriarme
en público de ser "un italiano desplazado"
o "un hombre del Duecento florentino en pleno siglo xx".
Pero yo siempre he amado a México.
Lo he reconocido —lo he amado— en mi casa destruida,
en mi familia destruida,
en el trato con amigos y también con enemigos,
en mujeres que amé y me enterraron bajo la fosa más honda
                                  [y más oscura,
en paisajes que al hacerlos míos con una distancia íntima
me emocionan por su belleza que me creo o me invento,
en ciudades que delinearon la memoria como líneas simétricas
                                  [en una piedra,
en iglesias que se caían de proporción y luz,
en actos dignos de hombres que *no morirán del todo*.
Y aunque sé que a este país lo ha gobernado el diablo,
que los mexicanos no hemos estado a la altura del gran país,

ustedes dirán lo que quieran, pensarán lo que quieran,
pero yo siempre he amado a México,

siempre.

1982

EL PAIS (2)

Donde quiera que vayas o vivas,
de modo sorpresivo o secreto,
algo llamará para llevarte
a un país más hermoso que es el tuyo,
a una ciudad tan hermosa que era casa.
Ningún reino o república dará lo suficiente
para olvidar lo suficiente mares despoblándose,
montañas altas, desiertos claros que son como
fotografías que iluminan leves, pero
que ahondan la piel, el corazón, el alma.

México será el dragón que devora
las doncellas del reino que perdiste.

1983

NO DEFINITIVO

Nunca oigas nunca el no de una mujer que amaste
Oirás la voz del pájaro que están estrangulando
Algo dentro de ti se habrá quebrado sin misericordia
Te seguirá calladamente el *no* y cuando en el recuerdo lo oigas
                                                    [nuevamente
Oirás la voz del pájaro que están estrangulando

ERA NINFA SANTOS Y ERA ROMA

¿Te acuerdas Ninfa hace diez años? Roma era grande, muy
grande, del tamaño de mi angustia, acaso más. Yo recogía rá-
fagas de golondrinas para llevártelas a la casa, para que can-
taran en la ventana de tu casa. ¿Te acuerdas cuando fuimos a
casa de la Ginzburg y estabas como niña, como ángel? ¿Te
acuerdas?

Nos veíamos poco: cada tres años, con una angustia igual o
diferente, llegaba a tu casa sin aviso, sin valija, sin México,
sin nada entre las manos. Hablábamos de amigos y de Roma, de
Shelley y su vida, de Byron y la vida, y a veces, por la tarde
a la noche, con un whisky o un café, leíamos a Sabines y a
Vallejo. Cómo no recordarte Ninfa llevándote el cielo con los
brazos, repartiendo el corazón a manos llenas, la dulzura a
manos llenas. Por tu boca, como rachas de luz, como alas cru-
zaban las imágenes, y de pronto, así de pronto, era tu infancia
en San José, tu vida en México. Yo, por toda Europa, quería
incendiar en la tarde el viento el alma, y otro día y otro viento
y otro ayer, llegaba a tu casa, y a los dos o tres días o a la
semana, estaba en Florencia o en Anacapri, y al final te escribía como si fuera tu hijo.

Quisiera pedirte sólo dos cosas, Ninfa, sólo dos cosas quiero:
la primera es no morir, y la otra, es no anhelar la muerte. Por
lo demás, la vida está llena de azules, de fuego, de gorriones,
y sé, o creo saber, que mientras oriente y el sol a diario vivan
estarás en el bosque o en la pradera.

1982

MEMORANDA A RUBEN BONIFAZ NUÑO PARA QUE VUELE DE NUEVO EN EL AZUL A NUEVA YORK

¿Cómo? ¿No recuerda, Bonifaz,
cuando conversábamos de Dante y de Virgilio,
cuando en el mismísimo pie de la estatua de Dante
nos fotografiábamos de frente y de perfil
y Nueva York era la imagen viva y triste de noviembre?
¿Quién hubiera creído que el poeta grande,
que dio gris y mármol de los latinos grandes,
fuera el prodigioso niño y el pájaro maravilloso
que volaba azul de nuevo en el azul en calles y plazas
al llamear azulmente y cantar y jugar y era un gran parque?
¿Cómo? ¿No recuerda, Bonifaz, aquella noche
cuando con Bernardo y con Carlos lo escuchábamos
tocar a Beethoven y pedir —dáme, Carlos—
una mandolina para llegar al cielo?
¿Qué no sabe, digo, no lo sabe, insisto,
que el canto y el vuelo de su canto
fue del ave sola en la noche desalada?
¿No lo sabe, digo? ¿No lo sabe, insisto?
La llama moral como un don que reclamamos,
que recogeremos para encender la lámpara,
y la oscuridad no se complete,
y la oscuridad no se complete.

1983

62

CARTA DESDE EL AMARILLO PARA ODISSEAS ELYTIS

No obstante que la muerte con mano muda
rompió la ventana del corazón oscuro,
mis ojos, ay, lloran enamorados
de mañanas claras, de veranos salvajes
que desde el cuerpo violento parecían el sol,
de mediterráneas dulzuras del clima y del mar.

1986

La Sombra: Volaban gaviotas en la playa.

PN: Eran tiempos verdes, cuando bebía en la copa del mar el vino azul del mar.

MAC: Yo supe por sus libros del sabor de la tierra, del estrépito del relámpago en el otoño salvaje, de la lluvia que parecía el follaje espeso en el húmedo bosque, del mar profundo y helado del sur de Chile.

PN: Aprendí en la década de los treinta que eran trampas la tristeza y la angustia. Me da risa que algún día me llamaran el Teócrito chileno. Mis manos son del tamaño de la tierra.

MAC: Creí de adolescente en el sueño y lo imposible. ¿En qué tiempo perdimos la Utopía?

PN: En el tiempo de los sentidos.

MAC: No sé, quizás... Amé con fervor los viajes y los regresos. Me dejé una parte en aeropuertos y estaciones ferroviarias. Eran el placer y la libertad grandes, y también la fuga. El corazón oscurece pero el cuerpo se hizo y se deshizo en el sur griego bajo el sol del mediodía de la estación que era de luz. ¿Dónde está julio en el verano azul, tan vertical y azul que era el verano?

PN: Busqué el placer y la libertad grandes en las navegaciones y en los elementos. Conocí mujeres frescas, amistades magníficas, el verano en su mediodía más alto, el vino dulce, el pan al fuego en la leña crepitante. A mis oídos llega melodiosa y llega la palabra Samarkanda. Alzo la vista y miro el sol: mayo se anuncia si no miro.

MAC: Cierro los ojos y miro hacia mayo que es yo triste.

64

La sombra: ¿Caen pétalos?

                Caen

                    pétalos

                        Caen.

MAC: La vidá hay que vivirla porque *parece* hermosa.

PN: La vida debe vivírsela porque es hermosa.

MAC: ¿Y si la muerte —¿tocan?— toca a la puerta?

PN: ¡Que sea una muerte ardiente!

MAC: ¿Y...?

1983

ENCUENTRO CON VALLEJO

Esta mañana miro inclinarse Avenida Insurgentes
y la lluvia cae
y el gris y el verde y la lluvia
me devuelven otoños parisienses,
la ciudad se me viste de otoño parisiense.
Cae la lluvia
        c
         a
          e
y de pronto me duele
una dulce mujer que ya es ceniza.
Y el mundo se refugia debajo de los árboles, bajo
aleros de tiendas y almacenes, o corren
hacia el coche o el autobús. Y Vallejo
observa los aparadores del almacén, se observa,
calla de nuevo algo que quiere ya decirme.
Ve la ropa, los muebles, la medida:
"El sufrimiento es un orgullo". Da un paso,
y a un paso de doblar en la otra esquina:
"El sufrimiento es un orgullo".

1980

RIMBAUD

Traías el látigo entre dientes;
caminabas ciudades floridas y floridos campos
con piojos y pústulas en flor para sembrar de flores.
Buscabas la lengua desolada del sol, la medida en el color del
la aventura era puerto y no sólo desventura.   [cielo,
Creíste, pobre diablo, que tu vida
en la vida sería otra,
pobre ángel caído para el hombre.
Vaya triste, qué bestia, hermoso hermano!
El sol, el mar, el ser, el mal
eran lomo a tu ojo restallante,
alacrán en el rostro del buen hombre.
¿Cambiaste de patria, de máscara, de fines?
¿Tu patria? ¡Vamos!
Fue el fragoso desierto en el culo del mundo,
una casa gris en un hoyo indescriptible,
un cráter para tragarse la lava en días de tedio.
¡Qué burda residencia en llama seca!
¡Qué gloria más ínfima y monótona!
Sólo el oro, las cartas de familia tan correctas,
las esporádicas caravanas en sendas calcinantes,
la vaga ilusión del matrimonio,
el regreso a una Francia hecha pedazos,
hacían soportable tu destierro.
¿Habrías imaginado, oh mago ínclito,
angustioso ángel que viste como nadie
arder sílaba a sílaba el lenguaje celestial,

ay, habrías imaginado en medio de atroces polvaredas,
entre esclavos e imbéciles lodosos,
que tu símbolo y bandera adolescentes
serían dos fulgores de este siglo?
¿Te hubieras visto quizás
en calles y parques parisienses
arrojar ígneos adoquines con ira destellante
al rostro de todo aquello que significó o simbolizó *poder?*
¡Qué mañana —el infierno— nos espera?
¡Quién desuella mi cuerpo y viste un ángel?
¡Quién ve mi pesadilla y arde alegre?
No has pasado, qué va!
Que llore el buen hombre en las esquinas,
la beata en la iglesia, que el político se ahogue
en el cáliz de su infamia!
La vida hay que cambiarla (duele el hombre)
Quién lanza la granada y dice:

                         basta!

1980

V

EN EL FIORDO

Se va el sol, se va la fuerza. Las barcas se alejan, son albo
humo del horizonte humoso y almo, y reflexiono que el horizonte ya no quiere significar como en mi infancia deleitosa
o en mi adolescencia gris ciudades y puertos por conocer, sino
apenas la tristeza del paso de los años.

¡Adiós gaviotas! ¡Adióóós! ¡No aleteen con escándalo ni
picoteen la tela de la blanquísima espuma tejida por los peces!
¿Qué buscan en el Norte? La vida es un árbol, y si fuerte y
breve, los hombres veneran su recuerdo como si fuera entonces. ¡Oigan! ¡Oigan! ¡Oooigan! Será la última vez que el sol no-
ruego sabrá de mi cuerpo que gozó con largueza en las arenas
del sur en el verano radical. Ustedes saben a veces que a veces se
debe partir innecesariamente, vestirse de sal y de madera, y na-
vegar melancólico entre cruces despiadadas. Perfecto fue mi
padre. Perfecto es el sepulcro como barca.

El pañuelo no duele, quizá la lejanía.

Oslo, 1978

ATARDECER EN EL PUENTE

No se azoren si busco el horizonte y las islas de la bien-
andanza. Soy un hombre en la zarza de la izquierda..., ¡y ya
me quema! Occidente es mi espejo y espejismo. Aquí, yo, el
navegante claroscuro, dejé palomas y máscaras de oro y un
cuchillo de manos italianas. Dejé mi alegría, recordaciones,
melodías de un pasado verde y gris como el futuro casi entonces, casi un idioma de sol para un cuerpo de mujer que se ama
en el grito lírico meridional y llámenme. ¿Y no es Mozart?
¿Quién oye el suave piano en la superficie del río Salzach que
las teclas teclean en el agua y la música se alza y es vuelo en
el cielo azul clarísimo del verano diagonal? ¿El amor? El amor
con su luz me ha desangrado. Lo planté y lo plateé como una
espada para hacer la crónica del triunfo de la paz y la justicia
más inútiles.
Nací en el sufrimiento; en él me vuelco.

Salzburgo, 1978

DESDE LA IGLESIA
(Sct ibs kirke)

El mercader demolió el coro y la sacristía. Dejó en harapos la iglesia y en el ávido jardín del cementerio los muertos devoran voces. Abrí la hoja de la piedra: rama gris que florece en epitafios.

En toda Dinamarca las mujeres hilaban en pasado, Penélopes de sombras y de espejos. El hilo brillaba como el sol en el brillo de su piel, ¡el brillo, el brillo! Ay, sus cuerpos ardían, ardían en las manos que desesperaban por la desesperación del deseo. La lava descendía a su pecho, a su vientre, a su sexo —donde los hombres bebían sañudamente hasta agotar el alba—, y de sus muslos

un haz de hombres escalaba
la nave y el aire que encallaban
No pienso volver a Dinamarca
No ¿qué haría?
Una amarga tristura me tristumba:
lloro y oro la vía falsificada

La iglesia baja a la cara de los muertos
El cedro —frente en alto—
ve en el cielo la forma de la iglesia.

¡Buenos días, señores!, gritó el jefe, y el mar se pobló de un mar de naves. Vi a la diosa bañarse en el gran lago, el velamen de Dios irse en el viento, el sueño de los hombres como viento. Las palomas aquietan cielo y árboles

Los ojos
iluminan

73

El otoño asoma en números de fuego de follaje y plata y un frío inmensamente sol en la clara y difícil mañana de noviembre. ¿No me oyen? He dormido con dulzura en las alas de los árboles y en la rama amarilla del gorrión. Anoche discurríamos: ¿La naturaleza o el arte? Si el mar y la montaña poderosos o la música de Wagner como el mar y la montaña poderosos. Y alguien dijo: "La flauta no olvida el sonido de la lira"; y uno más: "Viví una vida antes, y fue ésta"; y una voz más lejana: "El arco arcangélico madura en las mieses doradas del Señor".

Estoy solo, o mejor, me he quedado involuntariamente solo. Soy a menudo insoportable con los otros, pero téngase en cuenta que suelo serlo también conmigo mismo. No estoy justificándome. Sólo quiero añadir que la desdicha es un tigre llorando en pleno salto, y que la lucha despiadada con la muerte es como la del niño solo, con una espada rota, ante un guerrero enardecido.

Nueva York, 1981

INTERRUPCIONES NEOYORQUINAS (2)

A través de los árboles del parque, del gris del cielo y del gris de la ciudad, veo la lluvia sin música en los árboles, y palmeándome en el hombro sin consuelo me digo que en décadas anteriores asistí a la *mise en scène* de mi sepelio absurdo. Cavé la fosa, la lavé para mis ojos angustiados, y sólo respiré la respiración del aire roto. Conocí quemaduras y detritus de mi trinidad personal: cerebro, corazón y alma, y rimbaudianamente me puse a la cabeza de mis propios actos para una aventura insostenible. Todo estaba previsto, ¿cómo?, ¿y cómo deplorar lo que esperaba?

No busqué compasión ni comprensión. Tuve tanto a la mano y tanto dejé ir. ¿Y cómo estar satisfecho? ¡Vaya hermosa ironía! Haber soñado ser grande y con cierta frecuencia vivir la desazón de sentirse o de ser menos que humano.

Veo la lluvia —¡véanme!— y de súbito las lágrimas se detienen en lo bajo de los párpados, y casi resignado, con el grito quemándome los dientes, grito adentro: "¡Quise darle sentido a una vida que me parecía oscura, casi sin sentido!"

Y cruzan glaucamente los árboles del parque, cruza el gris del cielo y se alza la ciudad, y escribiendo la hoja más triste del árbol que me leo, recuerdo aquella frase que Marco Antonio decía: "No deben preguntar por qué murió, sino por qué no murió antes".

Nueva York, 1981

75

GRABADOS ESPAÑOLES (1)

Joven diciembre veo en el cielo las ciudades que fueron la ciudad de Toledo. Camino. Miriadas de alfileres destellantes pican y picotean la calle. Voces Voces. El río bebe la nieve y dice, al detener la lengua, su nombre oriental. Casi tenues las calles suben, bajan, se cruzan, se entrecruzan,

¡Es el aire!

¿Yo? Yo anhelé que los astros fueran míos. Yo robé huella y polvo al dios del viaje. Yo soy la bestia que siempre han derribado. Mi padre fue como yo pero sin ojos. Degollaba corderos bajo el árbol y los nombres ardían en el mapa de su cara. Timoneó múltiples barcos, y en los atardeceres nos contaba con olas en la voz que espumaban el horizonte de la mesa, del trasmar y del trasol inexperimentados. Vigilé su sueño, lo guardé en la brisa y el aire marinos, y en un capítulo leí que la batalla y Paulina eran los ojos que esperaban el país y la ciudad natales, que a su vez esperaban al poeta que cantara las innumerables hazañas para que las generaciones sucesivas tuvieran algo que cantar. La melodía figura de Paulina —observó mi padre— parece el dibujo de un maestro ático en un vaso sagrado o en el relieve de un templo. Eso dijo.

Mi madre murió de tarde al sol. Soñó en un mundo feliz que nunca quiso. En la frente de los hijos señaló con ceniza la historia de la culpa con imágenes del Padre, del Hijo y del Espíritu Santo. Antes del rosario o antes de dormir, pespunteaba en oro los relatos espléndidos del marido inolvidable al que nunca esperó. Discutíamos por nada, hablamos casi nada. No pueden hablarse dos gentes que crecieron destrozándose. Siempre, siempre.

El río se borra de mis ojos y al marchar me borra. Y yo,
¿quién soy? ¿En qué espejo me perdí? ¿En qué río?

He negado a la sangre la heráldica más oro, las simbólicas
fechas, la espada musical, el alba más alma que glorifica el
cuerpo, y sólo sé que soy alguien —¿un aire, un simulacro?—
que soñó una grandeza sin desprecio, que asumió la desdicha
y el propósito.

Toledo, 1981

Silencio, por favor, cambien de acto. "¿Recuerdas —me dices—, recuerdas aquella vez cuando oíamos las hojas del olivo como música verde en aquel valle griego, recuerdas, recuerdas cuando te dije: 'Tu poesía es muy amarga, no entiendo por qué tu desamparo...?'"

Y renace iluminándose el rostro dulcísimo y triste de Paulina en el instante que era el universo.

Bah, todo es cierto y no es cierto, era cierto y tan cierto como este coñac que bebo hondo, como este hombre que habla de diciembre y del dolor como algo ajeno. No es para rasgar las vestiduras pero escúchame: uno es hermosamente infeliz y así lo dice, así lo escribe para el oído y los ojos de las generaciones que pasan como hojas. Uno actúa o simula actuar, o mejor, decide o cree que actúa, como el príncipe Hamlet, lleno de luz y lucidez, hasta que otro, ignorante del libreto, opina inopinadamente que el personaje o su disfraz no tienen ni heroísmo ni nobleza mínimos.

Y la función no continúa.

Uno es hermosamente infeliz, como te he dicho, como te digo, Paulina, con mexicanísimo modo de aguzar el grito a media sombra, huyéndome del cuatro en el caballo apocalíptico, ¡huyéndome! Al blanco, al negro, al culpable, al soñador, ¡huyéndome! Exacto: el pez astralmente se me impuso y el agua calló a mi cuerpo hasta volverme sol bajo el olivo en aquel valle desolladamente griego en la mañana terminal cuando oíamos las hojas como música verde.

¿El cielo? ¿Escuchas en el cielo? ¿Crees en verdad que exis-

ta un paraísio para culpables? ¿Lo crees? Soy el infierno de
mi cielo ético. Me he vuelto flébil, fino, elegante en ocasiones, yo
que juré por la llama y la gloria corporales. ¿Me escuchas?,
¿me quieres escuchar? Quizá si te grito me alcances a escuchar:
"Yo quise —anhelé— que mi Reino se hiciera en este mundo".

La Granja, 1981

GRABADOS ESPAÑOLES (3)

Yo soñé lo mejor para este mundo, me dio a veces soñar en ser mejor. Un pie en el barco y "¡Amanezca el mundo nuevo!" Y sin embargo la brida de los peces blancos no sirvió en el instante que cabalgaba el mar. Y si grito, si me oyes, si me miras, Paulina, si llegas a pasar por donde paso, y si entonces, ten en cuenta que el mundo esencial del vagamundo se hizo para amarte para amarte para amarte. La gloria se gana ora en la guerra, ora con versos a Paulina. Por ejemplo: "El color de su cuerpo era el deseo". Y si muero, que mi sonoro epitafio en soledad oscura se lea con la llamada de los astros. América fue mapa dibujado en el aire juvenil y lectura fervorosa de revistas y periódicos en la edad madura. Y me asolo y me aluno por Europa. Y si escribo es con laúd que concierto para mí: "Mi musa fue mi corazón dolido".

Anidé en el follaje grisazul de la locura, y los pájaros picotearon como carpinteros raíz y tronco de la canción de la ceniza fría. Encubrí mi miseria ideológica para comprender al Príncipe sabiendo que anhelaba su corona, y mi ángel de la guarda me señaló cristianamente que en esta vida sólo existen paraísos desérticos. Oh Dios, crecí con la mancha del culpable y sujeto a tus ojos y designios, oh Dios.

Málaga, 1981

PARIS BAJO LA LLUVIA (1)

"Estoy sin quicio en puerta alguna. En piedra
oscura me ignora la angular. De amigos que fueron mis hermanos el idioma del sol ya no me
alumbra. He perdido mi sitio en esta tierra. Fue
negado el color y Paulina, la niña, qué alba la
aventura. Ella volvía en la hora del dolor, en la
hora del exilio, en la hora homicida del recuerdo
extremo". (París, 1975).

El frío era relámpago cortante que abría diciembre en dos,
en veinte, en veinticuatro. Huías, de todo huías: de México,
del ansia con angustia, de la sombra que eras de tu sombra, de
Paulina (de aquello que creíste se llamó Paulina). París llovía
desde la plaza en plaza abierta. Huías. De nada te sirvieron
el ojo de los tigres, la cruz que el niño regaló a la madre, el
tren sin fondo, los cuadernos de viaje. Huías. En toda la ciudad,
tras el húmedo frío y el muro de lluvia bardeando el Luxem-
burgo, triste y vago aparecía el paisaje. El frío perseguía casas,
calles, árboles, cuerpos. Dios de frente bendiciendo la destruc-
ción en la soledad de Europa. Qué descenso demencial en la
profundidad última que no oía la música en el linde silencioso
de los astros. Qué cerebro más ciego que oyó en el tacto el
sabor y el olor de la santificación de la intranquilidad minu-
ciosa. "La vida es más cruel con los que no aman", me alec-
cionó mi padre, y lloró sin alivio ni consuelo como el hijo del
Hijo, mientras mirábamos el Sena alargarse hasta la noche.

El libro de Artaud se leía biográficamente. Escribías a los
amigos epístolas tristísimas con adioses lancinantes. Piedras
de Italia y mármoles de Grecia en el invierno silencioso y cruel.

¿Cómo fue que soportaste la luz ciega, el infierno en invierno, el sol helado? Desolladuras y desgarraduras en el follaje
grisazul que sonaba como lúgubre campanada en el aislamiento

monacal, mientras el gorrión atravesaba las hojas con su canto y su luz inesperados.

"Yo tenía veinticinco años —dijo el hombre— y cuando lo vi de nuevo en la terraza abierta de aquel café a las orillas del Sena delineaban su rostro las cicatrices angustiosas del viaje y la locura".

París, 1981

PARIS BAJO LA LLUVIA (2)

A los amigos les grita desde el cubo enterrado en el más profundo pozo: ¡Adióóós! ¡Adióóós! Y en ese instante como tremendo trueno llega el tren a la estación de gris y humo y un pañuelo y no él les dice adiós hasta ver desvanecerse las letras que decían Gare de Lyon.

Lo ven solidariamente triste solitario decir volvíyaquébuenoquelosvi, solitariamente triste solidario. ¿Y si los pies fueran alas? ¿Y si el río? Y como un ave se va, como una nave. ¿Y qué pasa? Observad exmarineros, marchad —uno dos— marchad marchad excombatientes. Sale el tren y si llega a una ciudad ya imaginó la otra, preparó con angustia y sin espada su defensa de la maldad como si fuera en ciernes casi bueno. Y puede vociferar exultante, dar puñetazos de alegría plena al llegar a la puerta de ciudades que creó en el sueño o en el reino que perdió, mas de súbito, a la semana, a los quince días a las ocho menos cinco, sus manos hacen temblar el equipaje hasta llegar a la estación de gris y humo.

Y los amigos no saben —probablemente intuyen— del ansia que quema la fe, la esperanza y la caridad del viajero claroscuro en la partida y el regreso melancólicos. Como si el viaje sólo lo hiciera en el fondo para no morir. En el fondo quizás, o no en el fondo.

París, 1981

VI

RECUERDA

Recorrerás las mismas calles con el suave deleite de mirar y sentir que son tuyos los árboles del cielo. Tus amigos soñarán en los sitios que vigilaron siempre. Conversarás con los mismos fantasmas que vuelven de pronto la cabeza y te hacen creer que encarnarán ahora, precisamente ahora que no sigues. Volverás a los libros que te hicieron amar o descreer del mundo, a mirar casi enfrente el color y la forma del invierno, y dirás que el cielo ético y no la felicidad tan frágil por lo lueñe es lo que importa para una vida grande. Volverás a la iglesia donde en los prados del atrio veías las rosas nacer, crecer, pulverizarse, y en la capilla lateral llorarás de nuevo sin mirarla. Verás morir a los mismos amigos, los que alguna vez creíste que podrían volver tarde o temprano, y tendrás cerca las mismas mujeres que tarde o temprano, por error o sacrificio, perderás. Amarás al paisaje y al arte griegos, al paisaje y al arte florentinos, la poesía stilnovista, el poema geométrico del Alighieri, el corazón al descubierto de Propercio y Giacomo Leopardi, las calles toledanas que crean vértigo, el sol como hilo de luz en el mar meridional, los azules inviernos en Córdoba y Sevilla, la belleza delineada de la mujer europea, el mar y las velas de Elytis cuya poesía era el sol, los cuadros que elevaban el alma de Sandro Botticelli, las muchachas delgadas y espléndidas que eran la bien ganada música, el crepúsculo inolvidable que te reveló aquella muchacha meridiana el día de los muertos del 1969, una tarde más triste que lluviosa en el parque de Manhattan, la furia del viento y del mar en San Francisco, el cielo de relámpagos de la ciudad de Colima en el junio feliz, la tibieza de las tardes en ciudad de México.

Pero grábalo: todo sucederá en los años que vivas sobre la tierra, en la única oportunidad que tendrás sobre la tierra.

Grábalo.
Grábalo.

1982

ANOCHE, EN EL RESTORAN

Anoche, en el restorán, oías al joven comentar con ardor del colegio, de rumorosas fiestas, de muchachas radiantes que se amaban con sólo mirarlas, y oíste: "Fui como él y esperé tales cosas con igual entusiasmo e ingenuidad". Y como trueno resquebrajador se precipitó lo que pudiste hacer, las muchachas delgadas que soñaron cerca y que un día se fueron o las dejaste ir. Pero al pensar en los sesenta, al volver a la verde edad del sueño y encarnar momentos en que ya una angustia y una amargura leves profundizaban raíces en el alma, cuando ya la gota ácida del sufrimiento te desfiguraba lentamente el rostro, algo, algo más allá de tu voz habló en voz alta: "No volvería a vivir aquellos años, no, no podría".

1982

EN ZACATECAS

A José de Jesús Sampedro

(mañana)

A la cima del monte llegan rumores, gritos, campanadas. El cielo es azul y el viento, el vieento, el vieeento, alza las alas y alza a la ciudad y en el muro del horizonte la ilustra como grabado del siglo dieciséis.

Anoche, en el café, un hombre contaba con voz que el bosque y la tierra hicieron áspera, que estaba satisfecho de la vida, que repetiría la vida paso a paso, que la felicidad podía leerse en las cicatrices de su rostro. Lo oías con los ojos bien abiertos, y a punto de llorar, dijiste: "Mira, yo al principio creí, pero hoy, mira..."

(mediodía)

En el jardín me dices que si revelaras el canto de los pájaros aprenderías a volar.

(atardecer)

El cielo róseo es la sombra de la casa más alta.

(noche)

Ves la iglesia y detrás de la iglesia el monte encendido. Tal vez sea la última vez que no regreses. Has amado esta ciudad como si fuera casi tuya, como si el odio de los otros fuera un deleite más para que fuera casi tuya.

Y regresa con el viento la mujer del viento y no sabes si es a ella a la que amas o a la adolescencia admirable que fue ella. Más que imágenes de ahora vuelven imágenes del otoño triste y límpido del 66, y repites con voz que solamente no oyes: "El cuerpo no es el mismo, el mundo no es el mismo, nada, nada se parece a lo que fuimos, nada..."

1982

LA VIA EQUIVOCADA

"Los poemas son historia y ventana del alma: amores inolvidables que desdeñaron el amor, viajes que dieron nuevos ojos para mirar las cosas pero que me dejaron de sedimento una extraña y leve acritud, amistades que se hicieron del material de 'para siempre' y que se quebraron como porcelana o cristal cortado, un pasado triste que embellecí a menudo con líneas proporcionales de nostalgia engañosa, el sol y el aire mediterráneos que quedaron en la escritura, la música de las palabras que a veces correspondió con la música del cuerpo y de la sangre. Exploré mi alma como pocos y sé con desconcierto que sé poco de ella. . ."

Te pedí unas páginas para que me explicaras tu poesía. Tomé este fragmento para el libro.

1982

ATARDECER EN SORRENTO

"La poesía es memoria de la música que tocaron los dioses y que a veces logramos escuchar", te dijo con asombro el poeta aquel crepúsculo del verano del 78 mientras miraba declinar el sol que era también el tiempo de su vida en el correinado de los pájaros.

1982

VII

ELEGIA

Como pintura que se desvae,
como canto que nos llama triste
menos y menos al corazón,
como ese nombre que mi cuchillo
grabó en el árbol —nombre amadísimo—
y que lloran las horas y el viento,
como este verso que escribo y cae
en el abismo con lentitud,
así la vida que pasé aquí
entre la angustia y el dolor diarios.

PLEGARIA

Si regreso a la casa, Señor,
—si casa es el mundo y no el infierno—
si me alzo de nuevo en esta noche
en que enfermo descubro el rostro almo
              de la mujer que amo.
Si me concedes esto, Señor,
prefiero ignorar cuando regrese
que hubo alguien aquí, por esta tierra,
que usaba mi cuerpo y mi lenguaje.
        No olvides el nombre.

ORACION FUNEBRE

Así como descreíste, con ironía ácida,
del guiñol y la farsa del amor que ennoblece
y de la amistad clara como su propio velo;
así como arrojaste, igual que roto balde,
tu cuerpo seco y fuerte en mar de fuego helado;
así como en tu rostro fue dura bofetada
tu ausencia de deleites y de dulzuras mínimos,
así y no de otro modo te recordamos, Marco,
hermanos, amigos y adversarios.

EPITAFIO

Yace aquí. Las estrellas
que no descubrió en vida
lo contemplan bajo hierbas y flores.
Nadie sabe ni lee,
en el país de vencidos,
que él anheló ser el vencedor único.

INSCRIPCION EN EL ATAUD

"Yo nací en febrero a la mitad del siglo y uno menos, y Dios me dibujó la cruz para vivírsela y las hadas me donaron cándidamente *el sol negro de la melancolía*. No fui un Propercio, un Góngora, un Vallejo, ¿y para qué escribir si uno no es un grande? Me conmoví hasta las lágrimas con historias de amor y de amistad y supe del amor y la amistad lo suficiente para no creer en ellos. No busqué la felicidad porque no creí merecerla ni me importó su triste importancia.

Escucha esto: la vida es y significa todo aun para los que no saben vivirla. Huye, busca el cielo profundo y el mar meridional, las muchachas delgadas y espléndidas, el camino del sueño y lo imposible, la poesía y el ángel, y vive esta vida como si fuera la única porque es la única. Y que la tierra me sea para siempre leve".

INDICE

I

II

III

IV

LIBROS DEL BICHO